Die schönsten

ENTSPANNUNGS- UND YOGAIDEEN

für Krippenkinder

Impressum

ISBN: 978-3-96046-271-2

Praxisideen für die Krippe
Die schönsten Entspannungs- und Yogaideen für Krippenkinder

Redaktion: Sarah Baudisch
Autorin: Eva Fernandes Correia
Gestaltung und Satz: DOPPELPUNKT, Stuttgart
Druck: Grafik Media Produktionsmanagement, Köln

Klett Kita GmbH
Rotebühlstr. 77
70178 Stuttgart
www.klett-kita.de

Bildnachweis:

GettyImages.de
S. 4, 45, 64: fireflamenco | S. 6: Cecile Lavabre | S. 8: Gorbasheva Mariia | S. 9: los_ojos_pardos | S. 10: Cecilie_Arcurs | S. 12: undefined undefined | S. 13: Rudzhan Nagiev | S. 15: olesiabilkei | S. 16: shlyonik, Bogdan Khmelnytskyi | S. 19, 51: Color_life | S. 21, 79: Tetiana Lazunova | S. 22: sceptical cactus | S. 23, 26: Anna Drozdova | S. 24: romrodinka | S. 29: Tatiana Kashirskaia | S. 31: LadadikArt | S. 32: Darrell Gulin | S. 33: Tatiana Vizir | S. 37: Aleksandra Bortnikova | S. 40: bfk92 | S. 41, 59: K Ching Ching | S. 42: LSOphoto | S. 47: Svetlana Kharchuk | S. 48: fhm | S. 53: ma_rish | S. 60: Tatiana Dyuvbanova | S. 63: Macrostore | S. 68: Rinat Khairitdinov | S. 69: visualspace | S. 75: Lisa Lebedeva | S. 78: Oleh Kuzminskyi

Cover: Kikovic/ThinkStock

INHALT

Entspannen mit Bildern & Gedanken

Entspannen mit Berührung

LIEBE LESER:INNEN,

Entspannung ist auch für die jüngsten Kinder ein wichtiger Bestandteil ihres Alltags. Das Bedürfnis danach ist jedoch ganz individuell. Daher sollte eine Fachkraft vielfältige Angebote zur Entspannung kennen und die Kinder dabei begleiten. Entspannung ist auf verschiedene Arten (aktiv und passiv) möglich, zum Beispiel in Form von Yoga und Bewegung, mithilfe von Klang oder Berührung. Kinder entspannen anders als Erwachsene – oft reicht bereits eine ruhige Minute aus und die Kinder möchten wieder zurück in die Bewegung.

Ein entspanntes Kind ist aufnahmefähig, kann seine Welt erkunden und neue Erfahrungen im Krippenalltag sammeln. Das Wort „Entspannung" meint nicht nur körperliche, sondern auch geistige Entspannung. Für eine gesunde Entwicklung sind Entspannung und Bewegung gleichermaßen wichtig. In entspanntem Zustand kann das Kind aufgenommene Reize verarbeiten und neue Kraft tanken.

Achten Sie bei einem Entspannungsangebot darauf, dass die Umgebung möglichst reizarm ist. Die Teilnahme sollte immer freiwillig sein und bevor die Entspannung beginnen kann, dürfen sich die Kinder bewegen und aktiv sein. Für manche Kinder ist Entspannung besser möglich mit einem kleinen Hilfsmittel, wie beispielsweise einem Kuscheltier oder einem Kuscheltuch.

Die Praxisideen in diesem Buch helfen Ihnen, für jede Situation die passende Entspannungsart zu finden. Es gibt kurze und auch längere Angebote. Entspannung ist im Einzelkontakt, aber auch mit der ganzen Gruppe möglich.

Ich wünsche Ihnen viel Freude mit diesem Buch und viele entspannende Momente!
Ihre
Eva Fernandes Correia

Eva Fernandes Correia

- staatl. anerkannte Erzieherin
- Yoga-Lehrerin für Kinder und Jugendliche
- Entspannungstrainerin für Kinder und Jugendliche
- Klangpädagogin (Dipl. Integrative Klangpädagogik® von neuewege)
- DTB-Pilates-Trainerin

Entspannen mit Bewegung

WIR SCHAUKELN WIE EIN SCHAUKELPFERD

Bewegungsgedicht

Alter: ab 1,5 Jahren
Dauer: 10 Minuten

Wir schaukeln wie ein Schaukelpferd,
wir schaukeln hin und her.
Im Sitzen langsam zur Seite schaukeln.
Wir schaukeln hin, wir schaukeln her,
Schaukeln, Schaukeln ist nicht schwer!
Auf jeder Seite kurz anhalten.

Wir schaukeln wie ein Schaukelpferd,
wir schaukeln vor und zurück.
Im Sitzen langsam vor- und zurückschaukeln.
Wir schaukeln vor, wir schaukeln zurück,
Schaukeln, Schaukeln, welch ein Glück!
Jeweils vorn und hinten kurz anhalten,
am Ende die Arme in die Luft strecken.

Und so geht's:

Die Kinder sitzen auf dem Boden, um sich beim Schaukeln auszubalancieren. Üben Sie das Schaukeln vorher mit den Kindern, denn es ist gar nicht so einfach. Lesen Sie dann Zeile für Zeile langsam vor und probieren Sie gemeinsam, dazu zu schaukeln.

DER DINO WILL SCHLAFEN

Bewegungsspiel

Alter: ab 2 Jahren
Dauer: 10 Minuten

Seid leise, seid ganz still,
Den Zeigefinger an die Lippen legen.
weil der Dino schlafen will.
Beide Hände an einer Wange aneinanderlegen.
Er schläft nun langsam ein,
schnarcht und macht sich klein.
Könnt ihr ihn hören?
Eine Hand hinter das Ohr legen,
Schnarchgeräusche machen.

Seid leise, seid ganz still,
Den Zeigefinger an die Lippen legen.
weil der Dino träumen will.
Beide Hände aneinander an eine Wange legen.
Er träumt von grünen Wiesen,
wo große Bäume sprießen.
Könnt ihr ihn sehen?
Eine Hand an die Stirn legen.

Und so geht's:

Bei diesem Bewegungsspiel darf ein Kind den Dino spielen, in die Kreismitte gehen und sich hinlegen. Die anderen Kinder sprechen mit Ihnen gemeinsam den Text. Hören und sehen Sie, was der Dino macht, wenn er einschläft. Vielleicht möchte danach ein anderes Kind den Dino spielen?

MEINE HÄNDE KÖNNEN TANZEN

Alter: ab 1,5 Jahren
Dauer: 10 Minuten

Bewegungsgeschichte

Meine Hände können tanzen,
meine Hände tanzen wunderbar.
Beide Hände hochhalten und die Finger bewegen.

Meine Hände können tanzen,
meine Hände tanzen auf und ab.
Die Hände nach oben und unten bewegen.

Meine Hände können tanzen,
meine Hände tanzen rundherum.
Die Hände in einem Kreis bewegen.

Meine Hände können tanzen,
meine Hände tanzen hin und her.
Die Hände nach rechts und links bewegen.

Meine Hände werden müde,
tanzen wollen sie nicht mehr.
Die Finger ruhig werden lassen.

Meine Hände möchten schlafen,
werden ruhig und auch ganz schwer.
Die Hände ruhig auf den Beinen oder dem Boden ablegen.

EIN KLEINER MARIENKÄFER

Bewegungsspiel

Alter: ab 1,5 Jahren
Dauer: 10 Minuten

Ein kleiner Marienkäfer fliegt munter durch die Welt,
er schlägt mit seinen Flügeln, so wie es ihm gefällt.
Die ausgebreiteten Arme auf- und abbewegen.

Flattert hier und flattert da,
flattert weit und auch ganz nah. (2x)
Mit ausgebreiteten Armen in die Kreismitte
und wieder zurück laufen.

Ein kleiner Marienkäfer fliegt munter durch die Welt,
er schnuppert an den Blümelein, so wie es ihm gefällt.
Mit ausgebreiteten Armen zu einem anderen Kind „fliegen"
und um es herumlaufen.

Schnuppert hier und schnuppert da,
schnuppert an der Blumenschar. (2x)
An jeder Seite des anderen Kindes einmal kurz stehen bleiben.

Und so geht's:

Bilden Sie gemeinsam mit den Kindern einen Kreis. Ein Kind darf den Marienkäfer spielen und in der Mitte „umherfliegen". Dann sucht es sich ein zweites Kind aus und umrundet es. Dieses Kind darf dann der nächste Marienkäfer sein.

Tipp

Nutzen Sie das Gedicht für ein Fingerspiel: Dabei werden die beiden Hände zu einem Marienkäfer, indem Sie die beiden Handballen aneinanderlegen und die Finger als Flügel bewegen.

WAS MEIN KÖRPER ALLES KANN

Alter: ab 2 Jahren
Dauer: 10 Minuten

Bewegungsgedicht

Mein Körper ist ein Wunderwerk:
Meine Füße können stampfen,
Mit den Füßen auf den Boden stampfen.
meine Hände winken dir!
Mit beiden Händen winken.
Mein Kopf kann super nicken
Den Kopf auf- und abbewegen.
und meine Augen zu dir blicken.
Blickkontakt zu den Kindern aufnehmen.

Mein Körper ist ein Wunderwerk:
Meine Schultern können kreisen,
Mit beiden Schultern kreisen.
mein Popo wackelt hin und her.
Mit dem Po seitlich wackeln.
Der Bauch bewegt sich richtig leise
Beide Hände sanft auf den Bauch legen.
mit dem Atem auf seine Weise.
Die Hände im Atemrhythmus auf- und abbewegen.

Und so geht's:

Dieses Bewegungsgedicht klappt besonders gut im Stehen, denn dann haben alle angesprochenen Körperteile die Möglichkeit, sich zu bewegen. Seien Sie Bewegungsvorbild und korrigieren Sie die Kinder nicht. Welches Kind schafft es am Ende, seinen Atem mit den Händen auf dem Bauch zu spüren?

DER FISCHETANZ

Bewegungsgeschichte

Alter: ab 2 Jahren
Dauer: 10 Minuten

Wir tanzen heut den Fischetanz,
Schuppen glitzern in hellem Glanz.
Die Handflächen aneinanderlegen und wellenartig bewegen.
Die Flossen hoch, die Flossen runter,
sie drehen sich immer munter.
Die Arme hoch- und runternehmen,
dann die Unterarme drehen.

Kommt, macht alle mit,
der Fischetanz ist unser Hit! (2x)
Mit den Händen zu sich herwinken,
die Handflächen aneinanderlegen.

Wir tanzen heut den Fischetanz
und schwimmen alle in einem Kranz.
Die Handflächen aneinanderlegen und wellenartig bewegen,
dann an den Händen fassen.
Die Flossen hin, die Flossen her,
den Kopf hochstrecken, ist nicht schwer.
Die Arme nach rechts und nach links bewegen,
den Kopf nach oben strecken.

Kommt, macht alle mit,
der Fischetanz ist unser Hit! (2x)
Mit den Händen zu sich herwinken,
die Handflächen aneinanderlegen.

Und so geht's:

Diese Idee kann sitzend oder stehend im Kreis ausgeführt werden. Es wird etwas Platz benötigt, um die Arme zu bewegen. Sprechen Sie jede Strophe langsam vor und achten Sie auf Pausen, um die Bewegungen auszuführen. Es kann auch ein einzelnes Kind beginnen und weitere Kinder steigen nach und nach ein.

MEINE HÄNDE SIND ZUM FÜHLEN DA

Alter: ab 2 Jahren
Dauer: 10 Minuten

Bewegungsgedicht

Meine Hände sind zum Fühlen da,
meine Hände sind so wunderbar.
Die Hände hochhalten und die Finger bewegen.

Ich fühle weich und auch ganz hart,
streicheln kann ich superzart.
Auf etwas Weiches und etwas Hartes zeigen,
dann sanft die eigenen Beine streicheln.

Ich fühle warm und auch ganz kalt,
klatschen kann ich, bis es knallt.
Die Hände falten und die Finger auseinanderstrecken,
dann einmal in die Hände klatschen.

Kitzeln können meine Hände auch,
erst am Rücken, dann am Bauch.
Die Finger schnell zappeln lassen,
dann den Rücken und den Bauch kitzeln.

Und so geht's:

Dieses Bewegungsgedicht kann jedes Kind für sich ausführen oder zwei Kinder tun es gemeinsam. Dabei werden die verschiedenen Bewegungen auch beim Partnerkind ausprobiert. Vorher sollte die Erlaubnis dafür eingeholt werden. Im Einzelkontakt führt die Fachkraft mit dem Kind die Bewegungen durch.

WAS MEINE FÜSSE ALLES KÖNNEN

Bewegungsgedicht

Alter: ab 2 Jahren
Dauer: 10 Minuten

Meine Füße sind zum Laufen da,
meine Füße sind so wunderbar.
Die Füße nacheinander in die Luft strecken
und auf sie zeigen.

Ich laufe vor und laufe zurück,
stehen kann ich auch, ein Glück!
Je einen Schritt vor- und zurückgehen,
dann ruhig stehen bleiben.

Ich laufe kurz und laufe weit,
hüpf und spring mit Leichtigkeit.
Einen kleinen und einen großen Schritt machen,
dann auf der Stelle hüpfen.

Auch ganz langsam kann ich gehen,
schnell rennen, auf der Stelle drehen.
Ganz langsam die Füße bewegen,
auf der Stelle rennen, dann einmal drehen.

Und so geht's:

Bei diesem Bewegungsgedicht stehen alle im Kreis und probieren die entsprechenden Bewegungen aus. Machen Sie nach jeder Strophe eine Pause, um die Bewegungen in Ruhe zeigen zu können.

AUF DEM MEER

Bewegungsgedicht

Alter: ab 1 Jahr
Dauer: 5 Minuten

Auf dem Meer, auf dem Meer
schaukeln wir sanft hin und her.
Mit dem Oberkörper langsam zur
Seite hin- und herschaukeln.

Auf dem Meer, auf dem Meer
wird mein Körper ruhig und schwer.
Das Schaukeln langsam beenden
und ruhig werden.

Auf dem Meer, auf dem Meer
spüren wir die Wellen sehr.
Mit dem Oberkörper wieder langsam
hin- und herschaukeln.

Auf dem Meer, auf dem Meer
schaukeln wir im Wind immer mehr.
Etwas schneller schaukeln.

Und so geht's:

Bei diesem Bewegungsgedicht darf das Kind auf Ihrem Schoß sitzen und Sie halten es gut fest, wenn Sie gemeinsam hin- und herschaukeln. Die Bewegungen sind zuerst langsam und vorsichtig und werden am Ende etwas schneller.

DER GROSSE BERG

Yoga-Übung

Alter: ab 2 Jahren
Dauer: 10 Minuten

MATERIAL

1 Matte (für jedes Kind)

Heute wandern wir zu einem wunderschönen großen Berg. Zuerst laufen wir bergauf, Schritt für Schritt.
Im Stand abwechselnd die Knie hochziehen, auf der Stelle laufen.

Wir gehen über grüne Wiesen, durch einen Wald, über einen Bachlauf und über steinige Wege. Manchmal müssen wir sogar hüpfen.
Auf der Stelle mit beiden Füßen hüpfen.

Dann erreichen wir unser Ziel, den Gipfel des Berges. Von hier oben können wir viele weitere Bergspitzen und unser kleines Dorf sehen.
Einen ruhigen Stand einnehmen, die Füße eng nebeneinanderstellen, eine Hand an der Stirn ablegen und umherschauen.

Jetzt machen wir eine kurze Pause. Wir sind stolz, dass wir den Berggipfel erreicht haben, und klopfen uns auf die Schultern.
Auf den Boden setzen, im Wechsel beide Schultern abklopfen.

Nach unserer kurzen Pause machen wir uns auf den Rückweg. Wir laufen wieder über steinige Wege, über den Bachlauf, durch den Wald und über grüne Wiesen.
Aufstehen und im Stand abwechselnd die Knie anheben, auf der Stelle laufen.

Dann sind wir wieder zu Hause angekommen und stellen uns noch einmal stolz wie ein Berg auf den Boden und spüren unsere Kraft.
Einen ruhigen Stand einnehmen, die Füße eng nebeneinanderstellen, die Arme locker hängen lassen, den Rücken lang werden lassen.

Und so geht's:

Jedes Kind steht auf einer Matte. Achten Sie darauf, dass alle Kinder ausreichend Platz für die Bewegungen haben. Seien Sie Bewegungsvorbild und korrigieren Sie nicht. Lesen Sie jeden Absatz langsam vor und lassen Sie den Kindern Zeit zum Ausprobieren.

Tipp

Im Anschluss können Sie eine Gesprächsrunde eröffnen oder die Kinder ihre Erlebnisse auf ein Papier malen lassen.

SCHNI-SCHNA-SCHNECKENGANG

Yoga-Übung

Alter: ab 2 Jahren
Dauer: 10 Minuten

MATERIAL

1 Matte (für jedes Kind)

Schni-Schna-Schnecke,
komm heraus, komm heraus
aus deinem wunderschönen Haus!
In den Vierfüßlerstand gehen, den Po nach
hinten schieben und sich ganz klein machen.

Schni-Schna-Schnecke,
mach dich lang, mach dich lang,
zeig uns deinen Schneckengang!
In den Kniestand kommen und den Körper
groß machen, die Arme nach oben strecken.

Schni-Schna-Schnecke,
kriech durchs Gras, kriech durchs Gras,
denn das macht dir Riesenspaß!
Im Vierfüßlerstand langsam vor- oder zurücklaufen,
die Arme oder die Beine im Wechsel langsam anheben.

Und so geht's:

Jedes Kind steht auf einer Matte. Achten Sie darauf, dass alle Kinder ausreichend Platz für die Bewegungen haben. Seien Sie Bewegungsvorbild und korrigieren Sie nicht. Lesen Sie jede Strophe langsam vor und lassen Sie den Kindern Zeit zum Ausprobieren.

YOGA IST EINFACH SUPERCOOL!

Yoga-Übung

Alter: ab 2 Jahren
Dauer: 5 Minuten

Ich bin groß wie ein Baum,
Im Stand beide Arme nach oben strecken.
ich bin breit wie der Raum.
Im Stand beide Arme zur Seite strecken.

Mach mich klein wie eine Maus
In die Hocke gehen und die Knie umarmen.
oder ganz groß wie ein Haus.
In der Hocke die Arme nach oben strecken,
die Hände wie ein Dach über dem Kopf aneinanderlegen.

Kann auch wie ein Halbmond sein
Im Stand den Körper mit ausgestreckten Armen
zur Seite beugen.
oder stehen auf einem Bein.
Einen Fuß anheben, die Arme seitlich nehmen.

Setz mich dann auf einen Stuhl,
In die halbe Hocke gehen.
Yoga ist einfach supercool!
Einmal in die Luft springen.

MATERIAL

1 Matte (für jedes Kind)

Und so geht's:

Jedes Kind steht auf einer Matte. Achten Sie darauf, dass alle Kinder ausreichend Platz für die Bewegungen haben. Seien Sie Bewegungsvorbild und korrigieren Sie nicht. Lesen Sie jede Strophe langsam vor und lassen Sie den Kindern Zeit zum Ausprobieren.

TIGER, WACH AUF!

Yoga-Übung

Alter: ab 2 Jahren
Dauer: 10 Minuten

Hallo Tiger, bist du da?
Du wirst wach, wie wunderbar!
Im Vierfüßlerstand den Rücken bewegen.

Machst dich groß und machst dich klein,
danach streckst du ein Tigerbein.
In den Kniestand kommen, die Arme hochheben,
dann im Vierfüßlerstand ein Bein nach hinten strecken.

Zuerst die rechte, dann die linke Seite,
nun streck den Rücken in die Weite.
Das andere Bein im Vierfüßlerstand lang nach hinten strecken,
den Rücken lang machen, die Arme dabei weit nach vorn ablegen.

Zeig uns deine Tigertatze,
mach dich rund wie eine Katze.
Im Vierfüßlerstand eine Hand heben,
dann einen runden Katzenbuckel machen.

Dann läufst du auf allen vieren
zu deinen Freunden, den Zootieren.
Im Vierfüßlerstand auf der Matte
hin- und herkrabbeln.

MATERIAL

1 Matte (für jedes Kind)

Und so geht's:

Jedes Kind steht auf einer Matte. Achten Sie darauf, dass alle Kinder ausreichend Platz für die Bewegungen haben. Seien Sie Bewegungsvorbild und korrigieren Sie nicht. Lesen Sie jede Strophe langsam vor und lassen Sie den Kindern Zeit zum Ausprobieren.

DIE KERZE STEHT GANZ STILL

Yoga-Übung

Alter: ab 2 Jahren
Dauer: 10 Minuten

Eine Kerze steht ganz still,
weil sie für uns leuchten will.
Auf beiden Füßen aufrecht stehen,
die Füße sind geschlossen,
die Arme hängen locker herunter.

Dann zünden wir die Kerze an,
dass sie jede:r sehen kann.
Die Arme über die Seiten nach oben nehmen,
die Handflächen berühren sich über dem Kopf.

Sie leuchtet hell und klar,
ihr Licht strahlt wunderbar.
Die Hände bleiben oben, lächeln.

Doch kommt ein leichter Wind,
flackert sie geschwind.
Mit lang ausgestreckten Armen
nach rechts und links beugen.

Stück für Stück wird sie dann klein,
wir mögen ihren hellen Schein.
Langsam in die Hocke kommen,
dabei auf beiden Füßen stehen bleiben.

MATERIAL

1 Matte
(für jedes Kind)

Und so geht's:

Jedes Kind steht auf einer Matte. Achten Sie darauf, dass alle Kinder ausreichend Platz für die Bewegungen haben. Seien Sie Bewegungsvorbild und korrigieren Sie nicht. Lesen Sie jede Strophe langsam vor und lassen Sie den Kindern Zeit zum Ausprobieren.

SUPERHELD:INNEN

Yoga-Übung

Alter: ab 2 Jahren
Dauer: 5 Minuten

MATERIAL

1 Matte
(für jedes Kind)

Ich bin mutig und stark,
begrüße fröhlich jeden neuen Tag.
In Schrittposition stehen,
die Arme nach oben strecken.

Ich schau nach vorn und nicht zurück,
so finde ich mein eigenes Glück.
In Schrittposition bleiben, die Arme auf Schulterhöhe senken.
Ein Arm zeigt nach vorn, der andere nach hinten.

Ich bin gut, so wie ich bin,
alles ist richtig in mir drin.
Im Stand beide Füße eng zusammenstellen
und die Hände aufs Herz legen.

Einzigartig und wunderschön,
so kann ich durch mein Leben gehen!
Die Hände bleiben auf dem Herz,
die Füße laufen auf der Stelle.

Und so geht's:

Jedes Kind steht auf einer Matte. Achten Sie darauf, dass alle Kinder ausreichend Platz für die Bewegungen haben. Seien Sie Bewegungsvorbild und korrigieren Sie nicht. Lesen Sie jede Strophe langsam vor und lassen Sie den Kindern Zeit zum Ausprobieren.

KATZENTANZ

Yoga-Übung

Alter: ab 2 Jahren
Dauer: 10 Minuten

Heute tanzen alle Katzen
und bewegen ihre Tatzen.
Im Vierfüßlerstand stehen, im Wechsel
Arm oder Bein heben und ausstrecken.

Alle Katzen tanzen fein,
machen sich mal groß, mal klein.
Den Rücken runden und danach
den Körper ganz klein machen.

Kopf bewegen, Beine strecken
und auch mal die Pfoten lecken.
Den Kopf zur Seite drehen, die Beine nacheinander ausstrecken,
die Hände nacheinander am Gesicht entlangstreichen.

Es tanzt sogar der Katzenschwanz,
ja, so geht der Katzentanz!
Mit dem Po zu den Seiten wackeln,
dann wieder ruhig im Vierfüßlerstand ankommen.

MATERIAL

1 Matte
(für jedes Kind)

Und so geht's:

Jedes Kind steht auf einer Matte. Achten Sie darauf, dass alle Kinder ausreichend Platz für die Bewegungen haben. Seien Sie Bewegungsvorbild und korrigieren Sie nicht. Lesen Sie jede Strophe langsam vor und lassen Sie den Kindern Zeit zum Ausprobieren.

Entspannen mit Musik & Klang

FRISCHE FRÜHLINGSZEIT

Klanggeschichte

Alter: ab 1 Jahr
Dauer: 10 Minuten

MATERIAL

1 Handtrommel,
1 grünes Chiffontuch

Blumen wachsen, Blumen wachsen
Mit der flachen Hand über die Trommel reiben.
aus der Erde heraus, aus der Erde heraus.
Das Tuch erst ganz klein, dann immer größer werden lassen.
Grüne Blätter sind zu sehen, grüne Blätter sind zu sehen.
Das Tuch hin- und herschwingen.

Blumen wachsen, Blumen wachsen,
Mit der flachen Hand über die Trommel reiben.
blühen im Sonnenlicht, blühen im Sonnenlicht.
Das Tuch hochwerfen und fallen lassen.
Frühlingsregen gibt euch Kraft, Frühlingsregen gibt euch Kraft.
Schnell hintereinander auf die Trommel tippen.

Und so geht's:

Setzen Sie sich mit den Kindern in eine gemütliche Ecke oder auf einen Teppich und zeigen Sie ihnen zuerst die Materialien. Lassen Sie die Kinder das Tuch und die Trommel anfassen, dann können sie im Anschluss besser der Geschichte lauschen. Zwischen den Zeilen machen Sie kurze Pausen für die Ausführung der beschriebenen Handlungen.

HEISSE SOMMERZEIT

Klanggeschichte

Alter: ab 1 Jahr
Dauer: 10 Minuten

MATERIAL

1 Triangel,
1 gelbes Chiffontuch

Die Sonne scheint, die Sonne scheint
Das Tuch hin- und herschwingen.
übers ganze Land, übers ganze Land,
Die Triangel mehrmals langsam anschlagen.
wärmt Himmel und Erde, wärmt Himmel und Erde.
Das Tuch auf dem Boden ausbreiten.

Die Sonne scheint, die Sonne scheint,
Das Tuch hin- und herschwingen.
Vögel zwitschern uns ein Lied, Vögel zwitschern uns ein Lied,
Die Triangel mehrmals hintereinander unregelmäßig anschlagen.
warm und bunt ist die Natur, warm und bunt ist die Natur.
Die Triangel zweimal anschlagen und lange ausklingen lassen.

Und so geht's:

Setzen Sie sich mit den Kindern in eine gemütliche Ecke oder auf einen Teppich und zeigen Sie ihnen zuerst die Materialien. Lassen Sie die Kinder das Tuch und die Triangel anfassen, dann können sie im Anschluss besser der Geschichte lauschen. Zwischen den Zeilen machen Sie kurze Pausen für die Ausführung der beschriebenen Handlungen.

GOLDENE HERBSTZEIT

Alter: ab 1 Jahr
Dauer: 10 Minuten

Klanggeschichte

MATERIAL

Klanghölzer,
1 orangefarbenes Chiffontuch

Blätter fallen, Blätter fallen
Das Tuch von oben nach unten schwingen.
von dem Baum herab, von dem Baum herab,
Die Klanghölzer mehrmals anschlagen.
auf den Boden nieder, auf den Boden nieder.
Tuch, Klanghölzer und Hände auf den Boden legen.

Blätter fallen, Blätter fallen,
Das Tuch von oben nach unten schwingen.
tanzen im Wind umher, tanzen im Wind umher,
Die Klanghölzer schnell und langsam,
ganz unterschiedlich, anschlagen.
fliegen davon in die Welt, fliegen davon in die Welt.
Das Tuch hin- und herschwingen.

Und so geht's:

Setzen Sie sich mit den Kindern in eine gemütliche Ecke oder auf einen Teppich und zeigen Sie ihnen zuerst die Materialien. Lassen Sie die Kinder das Tuch und die Hölzer anfassen, dann können sie im Anschluss besser der Geschichte lauschen. Zwischen den Zeilen machen Sie kurze Pausen für die Ausführung der beschriebenen Handlungen.

KALTE WINTERZEIT

Klanggeschichte

Alter: ab 1 Jahr
Dauer: 10 Minuten

MATERIAL

1 Glockenspiel mit Schlägel,
1 weißes Chiffontuch

Schneeflocken tanzen, Schneeflocken tanzen
Das Tuch hin- und herschwingen.
vom Himmel herab, vom Himmel herab,
Das Glockenspiel von oben nach unten anspielen.
färben alles weiß, färben alles weiß.
Das Tuch auf dem Boden ausbreiten.

Schneeflocken tanzen, Schneeflocken tanzen
Das Tuch hin- und herschwingen.
auf die Wiesen nieder, auf die Wiesen nieder,
Mehrmals hintereinander verschiedene Töne auf dem Glockenspiel anschlagen.
kalt und glitzernd ist das Land, kalt und glitzernd ist das Land.
Einen Ton des Glockenspiels mehrmals anschlagen.

Und so geht's:

Setzen Sie sich mit den Kindern in eine gemütliche Ecke oder auf einen Teppich und zeigen Sie ihnen zuerst die Materialien. Lassen Sie die Kinder das Tuch anfassen und das Glockenspiel ausprobieren, dann können sie im Anschluss besser der Geschichte lauschen. Zwischen den Zeilen machen Sie kurze Pausen für die Ausführung der beschriebenen Handlungen.

KLINGELING, KLINGELING

Alter: ab 1,5 Jahren
Dauer: 10 Minuten

Klanggedicht

MATERIAL

1 Glockenspiel mit Schlägel

Leis, leis, leis,
wir sitzen jetzt im Kreis.
Hört mal hin,
es klingelt, klingeling.
Den Zeigefinger an die Lippen legen,
dreimal das Glockenspiel anschlagen.

Klingeling, klingeling,
Glockenspiel, du klingst so schön.
Klingeling, klingeling,
dein Klang soll nicht zu Ende geh'n.
Bei „klingeling" jeweils
dreimal das Glockenspiel anschlagen.

Still, still, still,
weil jede:r hören will.
Hört mal hin,
es klingelt, klingeling.
Die Hand hinter das Ohr halten,
dreimal das Glockenspiel anschlagen.

Klingeling, klingeling,
Glockenspiel, du klingst so schön.
Klingeling, klingeling,
dein Klang soll nicht zu Ende geh'n.
Bei „klingeling" jeweils
dreimal das Glockenspiel anschlagen.

Lausch, lausch, lausch,
der Klang klingt langsam aus.
Hört mal hin,
es klingelt leise, klingeling.
Die Hand hinter das Ohr halten,
dreimal leise das Glockenspiel anschlagen.

Klingeling, klingeling,
Glockenspiel, du klingst so schön.
Klingeling, klingeling,
dein Klang soll nicht zu Ende geh'n.
Bei „klingeling" jeweils
dreimal leise das Glockenspiel anschlagen.

Und so geht's:

Zeigen Sie den Kindern zu Beginn das Glockenspiel und geben Sie ihnen die Möglichkeit, das Instrument kennenzulernen. Das Wort „klingeling" können Sie im Vorfeld bereits einüben und drei passende Töne dazu ausprobieren. Dann können die Kinder im Anschluss ruhig der Geschichte lauschen.

SCHMETTERLINGS-FLUG

Klanggedicht

Alter: ab 1 Jahr
Dauer: 5 Minuten

MATERIAL

1 Glockenstab (für jedes Kind)

Schmetterling, Schmetterling,
Zweimal hintereinander klingeln.
du bist so ein hübsches Ding. (2x)
Mehrmals klingeln.

Fliegst nach hier und fliegst nach da,
Einmal rechts und einmal links klingeln.
die Welt ist schön und wunderbar. (2x)
Den Glockenstab im Kreis bewegen und klingeln.

Und so geht's:

Setzen Sie sich mit den Kindern in eine gemütliche Ecke oder auf einen Teppich und zeigen Sie ihnen zuerst die Glockenstäbe. Lassen Sie die Kinder die Glöckchen anfassen und ausprobieren, dann können sie im Anschluss besser der Geschichte lauschen und mitmachen. Zwischen den Zeilen machen Sie kurze Pausen für die Ausführung der beschriebenen Handlung.

SEESTERNE

Klanggedicht

Alter: ab 1,5 Jahren
Dauer: 10 Minuten

MATERIAL

1 Ocean Drum (oder Rasseleier)

Schwipp und schwapp, schwipp und schwapp,
die Wellen wiegen auf und ab.
Die Ocean Drum langsam hin- und herbewegen.

Die Seesterne purzeln hin und her,
sie freuen sich über das wilde Meer.
Die Ocean Drum schneller hin- und herbewegen.

Schwipp und schwapp, schwipp und schwapp,
die Wellen werden langsam schlapp.
Die Ocean Drum langsam und sanft bewegen.

Die Seesterne schlafen nach und nach ein,
das Meerwasser wird ruhig und fein.
Die Ocean Drum auf den Boden legen,
die Hände daneben ablegen.

Und so geht's:

Zeigen Sie den Kindern zu Beginn die Ocean Drum. Welche Geräusche kann man damit erzeugen? Erzählen Sie von den Meereswellen, die sich ganz ähnlich wie eine Ocean Drum anhören. Und dann lesen Sie Strophe für Strophe langsam das Klanggedicht vor. Machen Sie Pausen, um den Geräuschen lauschen zu können.

BUNTER REGENBOGEN

Klanggedicht

Alter: ab 2 Jahren
Dauer: 10 Minuten

MATERIAL

1 Glockenspiel mit Schlägel, Klanghölzer

Die Sonne scheint, der Himmel ist blau,
doch plötzlich kommen Wolken, ganz grau.
Einen Ton auf dem Glockenspiel
mehrmals hintereinander anschlagen.

Der Regen beginnt, die Sonne scheint weiter,
ein bunter Regenbogen entsteht nun ganz heiter.
Die Klanghölzer regelmäßig aneinanderschlagen.

Am Himmel sind jetzt viele Farben zu sehen,
der Regenbogen ist einfach wunderschön.
Mit dem Schlägel von unten nach oben alle Töne
auf dem Glockenspiel erklingen lassen.

Doch langsam hört der Regen auf,
die Sonne nimmt wieder ihren Lauf.
Die Klanghölzer langsam aneinanderschlagen
und immer leiser werden.

Der Regenbogen sagt „Auf Wiedersehen",
denn er darf nun wieder gehen.
Auf dem Glockenspiel von oben nach unten
alle Töne erklingen lassen.

Und so geht's:

Zeigen Sie den Kindern zu Beginn die Instrumente. Welche Klänge lassen sich damit erzeugen? Wie könnte ein Regenbogen klingen und wie der Regen? Nach dem Ausprobieren lesen Sie langsam das Klanggedicht vor. Nach jeder Strophe erklingen die Instrumente dazu.

HUMMELBUMMEL

Klanggeschichte

Alter: ab 1,5 Jahren
Dauer: 10 Minuten

MATERIAL

1 Rasselei (für jedes Kind)

Viele Hummeln möchten heute etwas bummeln.
Leise mit dem Rasselei rasseln.
Sie fliegen durch den Sonnenschein,
Das Rasselei kreisen lassen.
die Sonne lädt zum Bummeln ein.
Summ summ, brumm brumm, summ summ.
Jeweils zweimal rasseln.

Viele Hummeln möchten heute etwas bummeln.
Leise mit dem Rasselei rasseln.
Sie summen überall ein liebes Hallo,
Nach oben, unten und zur Seite rasseln.
die Welt ist schön und die Hummeln sind froh.
Summ summ, brumm brumm, summ summ.
Jeweils zweimal rasseln.

Und so geht's:

Lassen Sie die Kinder zu Beginn die Rasseleier ausprobieren. Welche Geräusche können sie mit dem Instrument erzeugen? Lesen Sie dann langsam den Text vor und machen Sie Pausen, in denen die Rasseleier zum Einsatz kommen.

TIERE IM WALD

Klanggeschichte

Alter: ab 2 Jahren
Dauer: 10 Minuten

MATERIAL

1 Glöckchen,
1 Trommel

Piep, piep, lieber Vogel, piep,
flieg von Baum zu Baum.
Mehrmals mit dem Glöckchen klingeln.

Knack, knack, lieber Igel, knack,
trippel über den Waldboden.
Mit den Fingern über die Trommel wandern.

Schleich, schleich, lieber Fuchs, schleich,
bewege dich durchs Unterholz.
Das Glöckchen ganz leise klingeln lassen.

Klopf, klopf, lieber Specht, klopf,
schlag den Schnabel in den Stamm.
Mit der flachen Hand mehrmals auf die Trommel schlagen.

Hüpf, hüpf, liebes Eichhörnchen, hüpf,
spring von Ast zu Ast.
Mit dem Glöckchen mehrmals hintereinander klingeln.

Schuhu, schuhu, liebe Eule, schuhu,
Mit der flachen Hand über die Trommel reiben.
schlaf ein und träume schön.
Beide Hände an eine Wange legen und die Augen schließen.

Und so geht's:

Überlegen Sie gemeinsam mit den Kindern, welche Tiere im Wald unterwegs sind und welche Geräusche diese machen können. Probieren Sie gemeinsam jedes Tier mit den Instrumenten aus.

ZARTES WINDSPIEL

Klanggedicht

Alter: ab 2 Jahren
Dauer: 10 Minuten

MATERIAL

1 Glöckchen

Heute weht ein zarter Wind
und es freut sich jedes Kind.
Das Glöckchen mehrmals
klingeln lassen.

Der Wind klingt leise und so schön,
lässt bunte Blätter auf- und niederwehen.
Das Glöckchen nach oben und unten
halten und klingeln lassen.

Kling, mein Wind, kling, kling.
Zweimal klingeln.
Kling, mein Wind, kling, kling.
Zweimal klingeln.

Doch plötzlich kommt ein frischer Wind,
bunte Drachen jetzt am Himmel sind.
Das Glöckchen kreisen und klingeln lassen.

Der Wind klingt laut und rauschend,
alle Kinder mit den Ohren lauschend.
Eine Hand ans Ohr halten und leise sein.

Kling, mein Wind, kling, kling.
Zweimal klingeln.
Kling, mein Wind, kling, kling.
Zweimal klingeln.

Und so geht's:

Zeigen Sie den Kindern zu Beginn das Glöckchen. Welche Geräusche lassen sich damit erzeugen? Kann ein Glöckchen leise und laut klingeln? Dann lesen Sie Strophe für Strophe langsam vor. Machen Sie Pausen, um den Geräuschen des Glöckchens lauschen zu können.

PLITSCH, PLITSCH, PLATSCH!

Klanggedicht

Alter: ab 1,5 Jahren
Dauer: 10 Minuten

MATERIAL

1 Klangspiel (oder 1 Xylophon)

Plitsch, plitsch, platsch,
Heller Ton, heller Ton, tiefer Ton.
der Regen macht die Erde nass.
Es macht plitsch, es macht platsch,
Heller Ton, tiefer Ton.
alles wird so richtig nass.

Plitsch, plitsch, platsch,
Heller Ton, heller Ton, tiefer Ton.
heute gibt es Regenquatsch.
Es macht plitsch, es macht platsch,
Heller Ton, tiefer Ton.
wir tanzen heut im Regenquatsch.

Plitsch, plitsch, platsch,
Heller Ton, heller Ton, tiefer Ton.
alles wird nun voller Matsch.
Es macht plitsch, es macht platsch,
Heller Ton, tiefer Ton.
wir patschen durch den Regenmatsch.

Und so geht's:

Sie benötigen einen hellen und einen tiefen Ton auf dem Klangspiel. Bei „plitsch" lassen Sie einmal den hellen Ton erklingen, bei „platsch" den tiefen Ton. Lesen Sie das Gedicht langsam vor. Sprechen Sie Zeile für Zeile und machen Sie Pausen, um den Klang gut wahrnehmen zu können.

GUTEN MORGEN!

Entspannungslied

Alter: ab 1 Jahr
Dauer: 5 Minuten

1

Guten Morgen, guten Morgen,
neuer Tag, neuer Tag.
Schön, dass ihr heut da seid,
schön, dass ihr heut da seid.
Willkommen, willkommen!
Die Hände vor dem Körper in einem Bogen
von innen nach außen öffnen.

2

Guten Morgen, guten Morgen,
seid ihr wach, seid ihr wach?
Singen wir zusammen,
singen wir zusammen:
Hallo, du! Hallo, du!
Mit der Hand einzelne Kinder begrüßen
und ihnen freundlich in die Augen schauen.

3

Guten Morgen, guten Morgen,
hier sind wir, hier sind wir.
Zuerst auf sich selbst zeigen,
dann in den Kreis zeigen.
Spielen und erzählen,
spielen und erzählen,
das ist toll, das ist toll!
Zweimal je dreimal klatschen.

(Melodie: Bruder Jakob)

ZEHN KLEINE FINGERLEIN

Entspannungslied

Alter: ab 1 Jahr
Dauer: 5 Minuten

Zehn kleine Fingerlein laufen hin und her,
zehn kleine Fingerlein finden das nicht schwer.
Die Finger nach rechts und links bewegen.

Zehn kleine Fingerlein hüpfen auf und nieder,
zehn kleine Fingerlein tun das immer wieder.
Die Finger nach oben und unten bewegen.

Zehn kleine Fingerlein krabbeln dann im Kreis,
zehn kleine Fingerlein werden langsam leis.
Die Finger im Kreis bewegen und immer leiser singen.

Zehn kleine Fingerlein finden jetzt zur Ruh,
zehn kleine Fingerlein schlafen ein im Nu.
Die Hände ruhig aufeinanderlegen und ganz leise singen.

(Melodie: Zehn kleine Zappelmänner)

Und so geht's:

Zeigen Sie den Kindern die Bewegungen und probieren Sie diese beim Singen gemeinsam aus. Im Einzelkontakt kann das Lied auch als Massage auf dem Rücken durchgeführt werden.

SPÜRST DU MEINE HÄNDE?

Alter: ab 1 Jahr
Dauer: 5 Minuten

Entspannungslied

1

Spürst du meine Hände?
Sie berühren dich, sie berühren dich,
streicheln jetzt ganz sanft Wangen und Gesicht.
Sanft über die Wangen des Kindes streicheln.

2

Spürst du meine Hände?
Sie liegen hier ganz leis, sie liegen hier ganz leis,
kitzeln dich am Bauch und malen einen Kreis.
Erst die Hände vorsichtig auf den Bauch legen,
dann kitzeln, zum Schluss Kreise auf den Bauch malen.

3

Spürst du meine Hände?
Sie halten deine Hand, sie halten deine Hand,
laufen hoch zur Schulter ins Kribbel-Krabbel-Land.
Die Hand des Kindes halten, dann den Arm entlang
bis zur Schulter hochkrabbeln und sanft kitzeln.

(Melodie: Alle meine Entchen)

Und so geht's:

Dieses Lied eignet sich besonders für den Einzelkontakt. Sie können dabei vor oder neben dem Kind sein. Fragen Sie das Kind zu Beginn, ob Sie es berühren dürfen, und singen Sie am Anfang ganz langsam. Wiederholen Sie auch gern jede Strophe, bevor Sie die nächste beginnen.

SCHLAFE, KLEINER STERN

Entspannungslied

Alter: ab 1 Jahr
Dauer: 5 Minuten

1

Schlafe, schlafe, kleiner Stern,
träum von Wolken, nah und fern.
Flauschig, bauschig, rund und weiß,
wandern sie am Himmel leis.
Schlafe, schlafe, kleiner Stern,
träum von Wolken, nah und fern.

2

Schlafe, schlafe, kleiner Stern,
träum von Mond und Sonne fern.
Morgens geht die Sonne auf,
nachts der Mond nimmt seinen Lauf.
Schlafe, schlafe, kleiner Stern,
träum von Mond und Sonne fern.

3

Schlafe, schlafe, kleiner Stern,
träum von deinen Freunden, fern.
Nachts sind sie am Himmelszelt,
strahlen in die ganze Welt.
Schlafe, schlafe, kleiner Stern,
träum von deinen Freunden, fern.

(Melodie: Funkel, funkel, kleiner Stern)

Tipp

Dieses Lied eignet sich gut für eine ruhige Phase oder vor dem Mittagsschlaf. Vielleicht singen die Kinder die ruhige Melodie schon mit oder lauschen Ihrer Stimme beim Singen.

Entspannen mit Bildern & Gedanken

BIENENAUSFLUG

Fantasiereise

Alter: ab 2 Jahren
Dauer: 15 Minuten

MATERIAL

Matten, Decken, Kissen

Heute ist ein besonderer Frühlingstag. Überall auf den Wiesen blühen bunte Blumen und auch an den Bäumen springen die Knospen auf.

Die kleine Biene und ihre Freunde möchten einen Ausflug machen. Sie fliegen gemeinsam über die blühenden Wiesen und genießen den wundervollen Blütenduft.

Die kleine Biene und ihre Freunde entdecken viele bunte Blumen: rote Blumen, gelbe Blumen, blaue Blumen und orangefarbene Blumen.

Da kommen sie zu einer Wiese, die voller gelber Blüten ist. Das ist ein Rapsfeld. Hier können sich die Bienen ausruhen und den Nektar der gelben Rapsblüten trinken.

Die Bienen genießen die Frühlingssonne und sind ganz entspannt. Nach einer Weile recken und strecken sich alle Bienen und fliegen fröhlich wieder zurück nach Hause in ihren Bienenstock. Sie erfreuen sich noch einmal an den bunten Blumenwiesen und den schönen Obstbäumen.

Tipp

Geben Sie den Kindern im Anschluss Zeit, über die Geschichte zu sprechen oder ein Bild dazu zu malen.

Gesprächsimpulse

- Wie sah deine bunte Blumenwiese aus?
- Welche Farben hast du gesehen?
- Wie sieht es in dem Bienenstock aus?

Und so geht's:

Zu Beginn dürfen sich die Kinder mit Matten, Decken und Kissen einen gemütlichen Platz zum Sitzen oder Liegen herrichten. Wenn es sich alle gemütlich gemacht haben, lesen Sie langsam und mit Pausen die Fantasiereise vor.

DAS KLEINE EICHHÖRNCHEN

Fantasiereise

Alter: ab 2 Jahren
Dauer: 15 Minuten

MATERIAL

Matten, Decken, Kissen

Die Sonne geht auf und das kleine Eichhörnchen wird von den warmen Sonnenstrahlen geweckt. Das Eichhörnchen reckt und streckt sich und begrüßt freudig den neuen Tag.

Dann hüpft es von Baum zu Baum und beobachtet, wie die Sonnenstrahlen durch die Bäume leuchten. Alles glitzert im Sonnenlicht.

Die Vögel zwitschern und flattern über den Waldboden. Ab und zu halten sie an und trinken etwas.

Das Eichhörnchen klettert einen Baum hinunter und spaziert über den weichen Moosboden. Das fühlt sich richtig angenehm an.

Dann klettert es wieder den Baum hinauf, springt zu seinem Nest und kuschelt sich ein.

Und so geht's:

Zu Beginn dürfen sich die Kinder mit Matten, Decken und Kissen einen gemütlichen Platz zum Sitzen oder Liegen herrichten. Wenn es sich alle gemütlich gemacht haben, lesen Sie langsam und mit Pausen die Fantasiereise vor.

Gesprächsimpulse

- Wie sah das Nest des Eichhörnchens aus?
- Welche Bäume wuchsen in dem Wald?
- Gab es noch andere Tiere im Wald?

IN DER LÖWENHÖHLE

Fantasiereise

Alter: ab 2 Jahren
Dauer: 15 Minuten

MATERIAL

Matten, Decken, Kissen

Es ist Winter und draußen ist es kalt und neblig. Familie Löwe ist in ihrer Löwenhöhle. Richtig warm und kuschelig ist es hier.

Papa Löwe schläft tief und fest und schnarcht dabei. Wenn du ganz leise bist, kannst du es vielleicht hören.

Mama Löwe wacht gerade auf und öffnet langsam ihre Augen. Sie blinzelt erst einmal und gähnt dann löwenmäßig.

Das Löwenkind ist schon richtig wach und streckt seine Pfoten ganz lang aus. Jetzt ist es munter und tapst eine Runde durch die Löwenhöhle. Hier gibt es viele gemütliche Ecken und das Löwenkind schnuppert hier und da. Es schnuppert vorn und hinten.

Dann springt es über kleine Steine und erfreut sich an den vielen kleinen Glitzerpunkten, die an der Decke der Löwenhöhle zu sehen sind. Wie kleine Sterne sehen sie aus – hell und leuchtend.

Dann wird das Löwenkind wieder müde und kuschelt sich noch einmal an Papa Löwe und Mama Löwe. Dann schläft es wieder ein und träumt vom Sommer.

Und so geht's:

Zu Beginn dürfen sich die Kinder mit Matten, Decken und Kissen einen gemütlichen Platz zum Sitzen oder Liegen herrichten. Wenn es sich alle gemütlich gemacht haben, lesen Sie langsam und mit Pausen die Fantasiereise vor.

Gesprächsimpulse

- Wie sah deine Löwenhöhle aus?
- Was hat das Löwenkind alles gespielt?
- Welche Farbe hatten deine Glitzerpunkte?

DIE KLEINE MÖWE AM STRAND

Fantasiereise

Alter: ab 2 Jahren
Dauer: 15 Minuten

MATERIAL

Matten, Decken, Kissen

Es ist ein schöner Tag am Meer und die kleine Möwe hüpft fröhlich durch den Sand. Das Meer ist heute ganz ruhig und die Möwe genießt die warmen Sonnenstrahlen.

Sie entdeckt viele schöne Muscheln am Strand, kleine und große Muscheln.

Dann hüpft sie weiter, hebt ihre Flügel und fliegt eine Runde über das türkisblaue Meer. Die kleine Möwe freut sich, denn das Gefühl, zu fliegen, ist wunderschön und frei.

Ein zarter Wind umgibt die kleine Möwe und das Meer glitzert im hellen Sonnenlicht. Nach einer Weile landet die Möwe wieder am Strand und taucht ihre Füße ins Wasser. Sie spürt das frische Meerwasser an den Füßen.

Jetzt wird es Zeit, nach Hause zu fliegen, denn die kleine Möwe wird schon von ihrer Familie erwartet.

Und so geht's:

Zu Beginn dürfen sich die Kinder mit Matten, Decken und Kissen einen gemütlichen Platz zum Sitzen oder Liegen herrichten. Wenn es sich alle gemütlich gemacht haben, lesen Sie langsam und mit Pausen die Fantasiereise vor.

Gesprächsimpulse

- Was konntest du alles am Strand sehen?
- Welche Farben hatten die Muscheln?
- Wie sah das Meer von oben aus?

DIE PUSTEBLUME

Fantasiereise

Alter: ab 2 Jahren
Dauer: 15 Minuten

MATERIAL

Matten, Decken, Kissen

Mitten auf einer wunderschönen Blumenwiese steht eine kleine Pusteblume. Sie hat einen langen grünen Stiel und oben eine große weiße Kugel voller kleiner Samen. Im Sonnenlicht strahlen die vielen kleinen Kugeln – weiß und glitzernd.

Da kommt ein Windhauch und nimmt die Schirmchen mit auf seine Reise. Sie fliegen auf und davon.

Sie schweben über die bunte Blumenwiese in Richtung Himmel, in den blauen Himmel mit kleinen weißen Wolken.

Als der Wind wieder nachlässt, landen die kleinen Schirmchen auf der Erde. Ganz sanft und vorsichtig lassen sie sich nieder.

Im nächsten Jahr wachsen an dieser Stelle dann neue Löwenzahnblumen. Diese werden zu neuen schönen Pusteblumen.

Und so geht's:

Zu Beginn dürfen sich die Kinder mit Matten, Decken und Kissen einen gemütlichen Platz zum Sitzen oder Liegen herrichten. Wenn es sich alle gemütlich gemacht haben, lesen Sie langsam und mit Pausen die Fantasiereise vor.

Gesprächsimpulse

- Wie sah deine Blumenwiese aus?
- Welche Farben hast du gesehen?
- Wohin sind deine Pusteblumen-Schirmchen geflogen?

DAS SEGELBOOT

Fantasiereise

Alter: ab 2 Jahren
Dauer: 15 Minuten

MATERIAL

Matten, Decken, Kissen

Und so geht's:

Zu Beginn dürfen sich die Kinder mit Matten, Decken und Kissen einen gemütlichen Platz zum Sitzen oder Liegen herrichten. Wenn es sich alle gemütlich gemacht haben, lesen Sie langsam und mit Pausen die Fantasiereise vor.

Heute macht das Segelboot einen Ausflug. Es segelt mitten auf den Ozean hinaus, wo die Wellen ein bisschen spritzen. Plitsch, platsch. Plitsch, platsch.

Der Wind weht sanft über die Segel und es fühlt sich wunderbar frei an. Das Segelboot erreicht eine kleine Insel und macht dort eine Pause.

Es genießt die warmen Sonnenstrahlen, warm und hell. Warm und hell.

Dann fährt das Segelboot wieder nach Hause über den Ozean, wo die Wellen ein bisschen spritzen. Plitsch, platsch. Plitsch, platsch.

In seinem kleinen Schuppen am Ufer schläft es dann friedlich ein. Es fühlt sich sicher und geborgen. Sicher und geborgen. Das war ein toller Ausflug!

Gesprächsimpulse

- Welche Farbe hatte dein Segelboot?
- Was hast du auf der Fahrt über den Ozean alles gesehen?
- Wie ging es dem Segelboot, als es wieder nach Hause kam?

TEDDY UND DER WALD-SPAZIERGANG

Fantasiereise

Alter: ab 2 Jahren
Dauer: 15 Minuten

MATERIAL

Matten, Decken, Kissen

Heute macht Teddy einen Spaziergang im Wald. Die Luft ist klar und der Himmel ist blau. Einige Sonnenstrahlen scheinen durch die Bäume bis auf den Waldboden.

Teddy entdeckt eine wunderschöne Stelle im Wald und beschließt, dort eine Pause zu machen. Er setzt sich auf einen Stein und hört den Vögeln zu, die pfeifend von Baum zu Baum fliegen.

Da sieht er ein Eichhörnchen, das versucht, eine Nuss zu knacken. Ein zweites Eichhörnchen kommt zum Helfen.

Auf einmal hört Teddy den Wind in den Bäumen rauschen. Ein paar Blätter fallen langsam herab und landen auf dem Waldboden.

Teddy genießt die Geräusche des Waldes noch für einen Moment.

Dann macht er sich auf den Rückweg und verabschiedet sich von dem schönen Platz im Wald.

Und so geht's:

Zu Beginn dürfen sich die Kinder mit Matten, Decken und Kissen einen gemütlichen Platz zum Sitzen oder Liegen herrichten. Wenn es sich alle gemütlich gemacht haben, lesen Sie langsam und mit Pausen die Fantasiereise vor.

Gesprächsimpulse

- Welche Farben hatte der Wald?
- Wie sah der Stein aus, auf den sich Teddy setzte?
- Welche Tiere waren noch im Wald unterwegs?

LUSTIGE TRAKTOR-FAHRT

Alter: ab 2 Jahren
Dauer: 15 Minuten

Fantasiereise

MATERIAL

Matten, Decken, Kissen

Heute darf der kleine Traktor auf dem Feld helfen. Dafür steht der kleine Traktor früh am Morgen auf. Er macht sich bereit für einen schönen Tag und packt sein Werkzeug ein.

Dann fährt er aus seiner großen Scheune und brummt die Feldwege entlang. Die Sonne geht gerade auf und der Himmel leuchtet rot und orange.

Nun ist der kleine Traktor auf seiner Wiese angekommen. Er fährt seinen Rasenmäher aus und tuckert damit Reihe für Reihe langsam von einer Seite zur anderen Seite.

Am Nachmittag ist der kleine Traktor fertig mit dem Mähen und macht sich auf den Heimweg. Er fährt zurück, die Feldwege entlang, und parkt zu Hause in seiner Scheune.

Dort hängt er den Rasenmäher ab und ruht sich aus. Das war ein toller Tag!

Gesprächsimpulse

- Welche Farbe hatte dein Traktor?
- Was hast du auf der Traktorfahrt alles gesehen?
- Wie ging es dem kleinen Traktor, als er wieder nach Hause kam?

Und so geht's:

Zu Beginn dürfen sich die Kinder mit Matten, Decken und Kissen einen gemütlichen Platz zum Sitzen oder Liegen herrichten. Wenn es sich alle gemütlich gemacht haben, lesen Sie langsam und mit Pausen die Fantasiereise vor.

DER LUFTBALLONTANZ

Mini-Meditation

Alter: ab 1,5 Jahren
Dauer: 5 Minuten

MATERIAL

bunte Luftballons (optional)

Es tanzt ein **roter** Luftballon,
er tanzt fröhlich und her.

Er möchte fliegen in die Luft,
denn Fliegen mag er ja so sehr.

Hältst du ihn fest, so ist er dein,
lässt du ihn los, fliegt er allein.

Hoch und höher in die Welt,
so wie es ihm gefällt.

Und so geht's:

Lesen Sie langsam Strophe für Strophe vor. Dann sprechen Sie die einzelnen Strophen mit den Kindern zusammen und überlegen gemeinsam, welche Bewegungen ein Luftballon macht. Die Farbe des Ballons kann im Text geändert werden und wenn Sie einen passenden Luftballon griffbereit haben, darf ein Kind diesen halten.

Vorsicht!

Luftballons können platzen und dabei ein Kind erschrecken, Kleinteile können verschluckt werden. Deshalb sollten Ballons immer nur unter Aufsicht eines Erwachsenen genutzt werden.

DIE GLÄNZENDE ZAUBERBLUME

Mini-Meditation

Alter: ab 2 Jahren
Dauer: 10 Minuten

MATERIAL

verschiedenfarbige Chiffontücher

Früh am Morgen, wenn die Sonne aufgeht, öffnet eine wunderschöne Blume ihre Blüten.
Das Tuch zusammengeknüllt in der Hand halten und die Hand ganz langsam öffnen.

Die Blüten leuchten in vielen bunten Farben: Rot, Gelb, Orange und auch Grün, Blau und Lila.
Das Tuch weit öffnen.

Die Blume glitzert und glänzt mit jedem Blütenblatt mehr.
Das Tuch hochwerfen und beobachten.

Alle Kinder, die sie anschauen, bekommen ein Geschenk von der wunderschönen Blume: ein kleines Stück von dem Glitzer und dem Glanz. Auch du bekommst ein kleines Stück.
Das Tuch auf die Hand oder wie einen Schleier über den Kopf legen.

Spüre, wie du zu leuchten beginnst und genauso strahlst wie die wunderschöne Blume. Jedes Kind strahlt einzigartig bunt und schön.
Einmal mit dem Tuch aufstehen, lächeln und sich wieder hinsetzen.

Und so geht's:

Legen Sie die bunten Tücher bereit und lassen Sie jedes Kind ein Tuch aussuchen. Zu Beginn dürfen die Kinder einmal ausprobieren, was mit dem Tuch gemacht werden kann. Dann wird das Tuch ganz klein in einer Hand oder in beiden Händen zusammengeknüllt. Jetzt beginnen Sie, langsam den Text vorzulesen. Machen Sie eine Pause an den Stellen, wo eine Aktion durchgeführt wird.

MEIN KUSCHELTIER

Mini-Meditation

Alter: ab 2 Jahren
Dauer: 10 Minuten

MATERIAL

Matten, 1 Kuscheltier (für jedes Kind)

Und so geht's:

Die Meditation beginnt im Sitzen und mit einem offenen Erzählkreis. Die Kinder dürfen etwas sagen, müssen aber nicht. Dann lesen Sie die Mini-Meditation vor.

Welches Kuscheltier habt ihr heute mitgebracht?
Die Gesprächsrunde eröffnen.

Schau dir dein Kuscheltier einmal genau an. Hat es Augen zum Sehen? Hat es einen Bauch? Wo sind die Füße deines Kuscheltieres?
Zeit zum Anschauen einräumen. Falls ein Kind etwas sagen möchte, geben Sie ihm Raum.

Jetzt nimm das Kuscheltier in deine Hände. Wie fühlt es sich an? Ist es weich oder hart? Ist es warm oder kalt? Hat dein Kuscheltier ein Fell?
Zeit zum Fühlen einräumen. Falls ein Kind etwas sagen möchte, geben Sie ihm Raum.

Jetzt darf sich das Kuscheltier auf deine Beine setzen. Kann es ganz ruhig sitzen bleiben?
Zeit zum Ausprobieren einräumen. Falls ein Kind etwas sagen möchte, geben Sie ihm Raum.

Lege dich nun auf deinen Rücken und setze das Kuscheltier auf deinen Bauch. Kann dein Kuscheltier hier ganz ruhig sitzen bleiben? Bewegt es sich ein bisschen?
Zeit zum Spüren einräumen. Falls ein Kind etwas sagen möchte, geben Sie ihm Raum.

Jetzt setze dein Kuscheltier auf deine beiden Hände und balanciere es durch den Raum. Schaffst du das? Ist es schwierig oder leicht?
Zeit zum Ausprobieren einräumen und im Anschluss austauschen.

SCHWEBENDE SEIFENBLASEN

Mini-Meditation

Alter: ab 1,5 Jahren
Dauer: 5 Minuten

MATERIAL

Matten (oder 1 Teppich), Seifenblasen

Seifenblasen schweben, schweben in der Luft,
verbreiten einen wunder-, wunderbaren Duft.

Sieh genau hin, schau aufmerksam zu,
Seifenblasen fliegen fort im Nu.

Seifenblasen tanzen, tanzen hin und her.
Sie lieben es zu fliegen, sie lieben es so sehr.

Sieh genau hin, schau aufmerksam zu,
Seifenblasen fliegen fort im Nu.

Und so geht's:

Die Kinder dürfen sich bei dieser Meditation gemütlich auf Matten oder einen Teppich legen – wichtig ist, dass sie auf dem Rücken liegen und nach oben schauen können. Bevor Sie mit dem Vorlesen beginnen, pusten Sie kleine Seifenblasen in die Luft, die die Kinder beobachten können, ohne sie anzufassen. Es ist gar nicht so leicht, still liegen zu bleiben und nur mit den Augen zu schauen. Nach jeder Strophe können Sie neue Seifenblasen in die Luft schicken.

DAS LICHT IN DIR

Mini-Meditation

Alter: ab 2 Jahren
Dauer: 10 Minuten

MATERIAL

1 Zauberstab (für jedes Kind),
1 Klangschale

Heute darfst du deinen Körper zum Leuchten bringen. Wir schalten gemeinsam das Licht in allen Körperteilen an. Dafür haben wir alle einen Zauberstab.
Den Zauberstab hochhalten und zeigen.

Zuerst begrüßen wir die Füße: Hallo, liebe Füße, ihr dürft jetzt strahlen!
Mit dem Stab vorsichtig beide Füße berühren, die Zehen hin- und herbewegen.

Dann kommen die Beine dran. Streiche einmal mit dem Zauberstab die Beine hinunter. Jetzt leuchten auch die Beine.
Mit dem Stab die Beine von oben nach unten entlangstreichen, die Beine sanft bewegen.

Nun kommt der Bauch dran: Lieber Bauch, du darfst dein Licht anschalten.
Vorsichtig den Stab vor den Bauch halten, mit dem Bauch kurz wackeln.

Und jetzt wecken wir die Arme und begrüßen ihr schönes Licht: Hallo, liebe Arme!
Jeden Arm einmal vorsichtig mit dem Stab entlangfahren, den Arm danach ausschütteln.

Zuletzt dürfen auch die Hände strahlen: Hallo, liebe Hände, ihr dürft auch noch leuchten!
Jede Hand einmal mit dem Stab antippen, die Hand danach ausschütteln.

Jetzt kann dein ganzer Körper leuchten. Vielleicht ist dir auch ein bisschen warm geworden. Spüre noch einmal in deinen ganzen Körper und seine Kraft hinein.
Die Klangschale anschlagen und ausklingen lassen.

Und so geht's:

Setzen Sie sich mit den Kindern in einen Kreis und lesen Sie die Meditation vor. Führen Sie den Kindern die Bewegungen vor.

Tipp

Die Zauberstäbe können Sie auch gemeinsam mit den Kindern aus zusammengerolltem Tonkarton basteln.

KLANGMEDITATION

Mini-Meditation

Alter: ab 2 Jahren
Dauer: 10 Minuten

MATERIAL

1 Klangschale, Matten, Decken, Kissen

Das ist eine Klangschale. Sie wird mit einem Schlägel angespielt.
Den Kindern die Klangschale zeigen.

Der Klang der Klangschale schenkt dir heute Ruhe.
Die Klangschale anschlagen und ausklingen lassen.

Der Klang lässt deine Füße ganz ruhig werden.
Die Klangschale anschlagen und ausklingen lassen.

Und so geht's:

Die Kinder dürfen es sich mit den Kissen und Decken gemütlich machen. Bevor sie sich hinlegen, zeigen Sie den Kindern die Klangschale und lassen sie sie anfassen. Dann kuscheln die Kinder sich ein und dürfen dem Klang lauschen.

Der Klang lässt deine Hände ganz ruhig werden.
Die Klangschale anschlagen und ausklingen lassen.

Der Klang schickt Wärme in deine Beine.
Die Klangschale anschlagen und ausklingen lassen.

Der Klang schickt Wärme in deine Hände.
Die Klangschale anschlagen und ausklingen lassen.

Der Klang schenkt dir einen ruhigen Atem.
Die Klangschale anschlagen und ausklingen lassen.

Der Klang wärmt dir angenehm den Bauch.
Die Klangschale anschlagen und ausklingen lassen.

Der Klang wärmt dir angenehm den Rücken.
Die Klangschale anschlagen und ausklingen lassen.

Der Klang lässt deinen ganzen Körper warm und ruhig werden.
Die Klangschale anschlagen und ausklingen lassen.

KÖRPER FÜHLEN

Mini-Meditation

Alter: ab 2,5 Jahren
Dauer: 10 Minuten

MATERIAL

1 Klangschale, Matten, Kissen

Dein Körper ist einzigartig und etwas ganz Besonderes. Heute darfst du deinen Körper fühlen. Die Klangschale und ich helfen dir dabei.
Die Klangschale anschlagen und ausklingen lassen.

Kannst du deine Hände spüren? Lege deine Hände dafür aneinander. Der Klang hilft dir.
Die Klangschale anschlagen und ausklingen lassen.

Kannst du deinen Bauch fühlen? Lege deine Hände auf deinen Bauch. Der Klang hilft dir.
Die Klangschale anschlagen und ausklingen lassen.

Kannst du jetzt deine Füße spüren? Lege deine Füße aneinander. Der Klang hilft dir.
Die Klangschale anschlagen und ausklingen lassen.

Kannst du deine Arme fühlen? Fahre mit den Händen einmal an deinen Armen entlang. Der Klang hilft dir.
Die Klangschale anschlagen und ausklingen lassen.

Kannst du deine Beine spüren? Streiche mit den Händen an deinen Beinen entlang. Der Klang hilft dir.
Die Klangschale anschlagen und ausklingen lassen.

Kannst du deinen Rücken fühlen? Lege dich jetzt ganz ruhig auf deinen Rücken auf die Matte. Der Klang hilft dir.
Die Klangschale anschlagen und ausklingen lassen.

Jetzt darfst du noch einmal deinen ganzen Körper fühlen. Vielleicht spürst du auch eine Stelle ganz besonders. Alles ist richtig. Lausche noch einmal dem Klang.
Die Klangschale anschlagen und ausklingen lassen.

Und so geht's:

Die Kinder dürfen sich die Kissen gemütlich auf die Matte legen. Die Meditation beginnt im Sitzen, am Ende können sie sich dann auf den Rücken legen. Zeigen Sie den Kindern, welche Körperstelle gerade dran ist, und seien Sie Bewegungsvorbild.

STERNENHIMMEL

Mini-Meditation

Alter: ab 2 Jahren
Dauer: 10 Minuten

MATERIAL

Kissen, Bildkarte
(Stern oder Sternenhimmel)

Es ist mitten in der Nacht und der Himmel ist voller Sterne. Hell und klar leuchten alle Sterne ganz nah und auch ganz fern. Kannst du den Mond am Himmel sehen?

Der Mond ist heute eine runde, leuchtende Kugel. Viele Sterne begleiten den Mond auf seiner Reise am Himmel entlang.

Wenn du die leuchtenden Sternenpunkte miteinander verbindest, kannst du tolle Sternbilder sehen. Welches Sternbild kannst du heute entdecken?

Und so geht's:

Die Kinder setzen sich gemütlich hin. Zu Beginn fragen Sie die Kinder, ob sie schon einmal den Sternenhimmel gesehen haben. Nach der Gesprächsrunde zeigen Sie die Bildkarte und lesen den Text langsam und mit Pausen vor. Die Bildkarte kann dabei in der Mitte liegen, sodass die Kinder sie während der Meditation anschauen können. Planen Sie im Anschluss noch etwas Zeit ein, um über das Erlebte zu sprechen und sich auszutauschen.

Entspannen mit Berührung

LECKERER APFELKUCHEN

Massagegeschichte

Alter: ab 2 Jahren
Dauer: 10 Minuten

Heute gibt es Apfelkuchen, das ist mein absoluter Lieblingskuchen.
Mit dem Finger ein Herz auf den Rücken malen.

Am Morgen, wenn die Sonne aufgeht, wird der Apfelkuchen frisch gebacken.
Mit dem Finger eine Sonne auf den Rücken malen.

Für den Kuchenteig brauchen wir Mehl und Zucker, Eier, ein Stück Butter und eine Prise Salz.
Mit dem Finger kleine Vierecke und Ovale auf den Rücken malen.

Dann wird alles mit einem Löffel verrührt und die Milch kommt hinzu.
Mit der flachen Hand über den Rücken kreisen.

Jetzt werden die Äpfel klein geschnitten und in den Teig hineingerührt.
Zuerst mit dem Finger kleine Striche auf den Rücken malen, dann mit der flachen Hand darüber kreisen.

Zum Schluss kommt der Teig in eine runde Kuchenform und in den warmen Ofen hinein. Jetzt wird der Apfelkuchen schön warm durchgebacken.
Beide Hände flach auf den Rücken legen und kurz liegenlassen.

Der Wecker klingelt und der Kuchen ist fertig. Vorsichtig aus dem Ofen holen und zum Abkühlen auf das Fensterbrett stellen. Guten Appetit!
Einen großen Kreis auf den Rücken malen, danach vorsichtig pusten.

Und so geht's:

Das Kind sitzt auf dem Boden oder auf einem Hocker vor Ihnen, sodass Sie mit Händen und Fingern auf seinen Rücken malen können. Machen Sie nach jedem Satz eine kurze Pause, damit Sie das Gesagte auf dem Rücken des Kindes darstellen können und das Kind es fühlen kann.

AUF DEM SPIELPLATZ

Massagegeschichte

Alter: ab 1,5 Jahren
Dauer: 10 Minuten

Heute besuchen wir den Spielplatz.
Mit der flachen Hand von oben nach unten über den Rücken streichen.

Die Sonne scheint.
Mit einem Finger eine Sonne auf den Rücken malen.

Zuerst kletterst du die Rutsche hinauf und rutschst – huiii – hinunter. Huiii, du rutschst hinunter.
Mit zwei Fingern den Rücken hinunterfahren.

Dann setzt du dich auf eine Schaukel und schwingst vor und zurück. Du schwingst vor und zurück.
Mit einem Finger einen unteren Halbkreis auf die Mitte des Rückens malen.

Nun läufst du zum Sandkasten und buddelst ein Loch. Du buddelst ein großes Loch.
Mit den Fingern einer Hand kleine Kreise auf den Rücken streichen.

Zum Schluss gehst du noch auf die Wippe und schaukelst auf und ab. Du schaukelst auf und ab.
Mit zwei Fingern jeder Hand nebeneinander, aber entgegengesetzt auf- und abfahren.

Das war ein schöner Besuch auf dem Spielplatz! Tschüss und bis bald!
Mit der flachen Hand über den Rücken hin- und herstreichen.

Und so geht's:

Das Kind sitzt auf dem Boden oder auf einem Hocker vor Ihnen, sodass Sie mit Händen und Fingern auf seinen Rücken malen können. Machen Sie nach jedem Satz eine kurze Pause, damit Sie das Gesagte auf dem Rücken des Kindes darstellen können und das Kind es fühlen kann.

DIE KLEINE EULE

Massagegedicht

Alter: ab 1 Jahr
Dauer: 5 Minuten

Die kleine Eule sucht ihr Nest,
sie flattert mit den Flügeln fest.
Eine Hand auf dem Rücken an
mehreren Stellen öffnen und schließen.

Sie schaut nach unten und nach oben,
da kommt ihre Mama angeflogen.
Die Handbewegungen oben und unten
weitermachen, dann in der Mitte.

Zusammen fliegen sie nach Haus,
dort gibt es einen leck'ren Schmaus.
Mit zwei Händen über den Rücken fahren,
mit einem Finger ein Haus malen.

Dann kuscheln sie zusammen im Nest,
die kleine Eule schläft im Nu ganz fest.
Eine große und eine kleine Eule nebeneinander malen,
einen großen Kreis um beide herum malen.

Und so geht's:

Je nach Alter sitzt das Kind entweder vor Ihnen oder auf Ihrem Schoß. Lesen Sie den Text langsam vor und lassen Sie sich Zeit für die Bewegungen auf dem Rücken des Kindes.

AUF FAHRRADTOUR

Massagegedicht

Alter: ab 2 Jahren
Dauer: 5 Minuten

Rundherum im Kreise, rundherum im Kreise
fährt das Fahrrad leise, fährt das Fahrrad leise.
Mit einem Finger große Kreise auf den Rücken malen,
kleine Wellen von links nach rechts malen.
Rundherum, rundherum, rundherum.
Mit einem Finger Kreise auf den Rücken malen.

Hoch und runter, hoch und runter
fährt das Fahrrad immer munter, fährt das Fahrrad munter.
Mit einem Finger auf dem Rücken auf- und abfahren,
kleine Wellen von links nach rechts malen.
Hoch und runter, hoch und runter.
Mit einem Finger auf dem Rücken auf- und abfahren.

Kurvig, kurvig, wie die Schlange,
fährt das Fahrrad schnell und bange, schnell und bange.
Mit einem Finger Schlangenlinien auf den Rücken malen,
kleine Wellen von links nach rechts malen.
Kurvig, kurvig, ja, so kurvig.
Mit einem Finger Schlangenlinien auf den Rücken malen.

Und so geht's:

Je nach Alter sitzt das Kind entweder vor Ihnen oder auf Ihrem Schoß. Lesen Sie den Text langsam vor und lassen Sie sich Zeit für die Bewegungen auf dem Rücken des Kindes.

Tipp

Als Variante können Sie die Massagegeschichte auch als Kniereiter ausprobieren.

EINE KLEINE FEDER

Handmassagegedicht

Alter: ab 1,5 Jahren
Dauer: 10 Minuten

MATERIAL

1 Feder

Eine kleine Feder streichelt deine Hand,
eine kleine Feder kann so allerhand.
Mit der Feder auf der Handinnenfläche
hin- und herstreichen.

Sie kann kleine Kreise malen
und eine Sonne mit den Strahlen.
Mit der Feder kleine Kreise,
dann kleine Linien malen.

Linien malen kann sie auch,
auf dem Finger ein zarter Hauch.
Mit der Feder vorsichtig am Zeigefinger
entlangstreichen.

Jeder Finger kommt mal dran,
hin und her, so sanft sie kann.
Mit der Feder am Mittelfinger, Ringfinger
und kleinen Finger entlangstreichen.

Auch den Daumen, oh, wie klein,
kitzelt die Feder ganz, ganz fein.
Mit der Feder am Daumen hin- und herstreichen.

Die Feder streichelt deine Hand so schön
und sagt dann: „Auf Wiedersehen!“
Die Feder in der Luft hin- und herstreichen
(wie ein Winken).

Und so geht's:

Setzen Sie sich auf Augenhöhe des Kindes, sodass Sie seine Hand auf Ihrer ablegen können. Achten Sie darauf, dass auch das Kind gut sehen kann, was Sie mit der Feder machen. Lesen Sie den Text langsam vor und machen Sie Pausen, damit das Kind die Berührungen spüren kann.

KARNEVALSZEIT

Massagegeschichte

Alter: ab 1,5 Jahren
Dauer: 5 Minuten

Konfetti, Konfetti, Konfetti überall,
rot, gelb, grün und blau,
es fliegt im ganzen Raum, es fliegt im ganzen Raum.
Kleine Kreise auf den Rücken malen.

Luftballons, Luftballons, Luftballons überall,
in vielen bunten Farben,
schweben über uns, schweben über uns.
Große Kreise auf den Rücken malen.

Luftschlangen, Luftschlangen, Luftschlangen überall,
gepunktet und gestreift,
wirbeln durch die Luft, wirbeln durch die Luft.
Schlangenlinien auf den Rücken und die Schultern malen.

Glitzer, Glitzer, Glitzer überall,
in Regenbogenfarben leuchtend,
flittert es herum, flittert es herum.
Mit den Fingern kleine Punkte auf den Rücken tupfen.

Und so geht's:

Je nach Alter sitzt das Kind entweder vor Ihnen oder auf Ihrem Schoß. Lesen Sie den Text langsam vor und lassen Sie sich Zeit für die Bewegungen auf dem Rücken des Kindes.

STEIN AUF STEIN

Massagegedicht

Alter: ab 2 Jahren
Dauer: 10 Minuten

Stein auf Stein, Stein auf Stein,
bald wird das Haus fertig sein.
Kleine Vierecke übereinander auf den Rücken malen.

Als Erstes kommt der Keller dran,
damit das Haus gut stehen kann.
Ein großes Rechteck auf den unteren Rücken malen.

Dann wird das Erdgeschoss gebaut,
mit Tür und Fenstern, schaut nur, schaut.
Ein großes Rechteck mit Tür und Fenstern
auf den mittleren Rücken malen.

Stein auf Stein, Stein auf Stein,
bald wird das Haus fertig sein.
Kleine Vierecke übereinander auf den Rücken malen.

Als Nächstes folgt das Obergeschoss,
auch Fenster und Balkon mit Spross.
*Ein großes Rechteck mit Fenstern und Balkontür
auf den oberen Rücken malen.*

Obendrauf kommt nun das Dach,
ein schöner Schornstein und Ziegel, ganz flach.
*Ein großes Dreieck und einen kleinen Schornstein
auf den Rücken malen.*

Stein auf Stein, Stein auf Stein,
bald wird das Haus fertig sein.
Kleine Vierecke übereinander auf den Rücken malen.

Fertig ist das schöne Haus
und die Massage ist jetzt aus.
Beide Hände auf den Rücken legen und ausstreichen.

Und so geht's:

Bei dieser Massage darf sich das Kind vor Sie setzen oder in Bauchlage auf den Boden legen. Lesen Sie das Massagegedicht vor und führen Sie die beschriebenen Handlungen durch.

DAS KLEINE KITZELMONSTER

Massagegedicht

Alter: ab 1,5 Jahren
Dauer: 5 Minuten

Das kleine Kitzelmonster kitzelt dich so sehr,
das kleine Kitzelmonster kitzelt dich noch mehr.
Mit beiden Händen die Arme und Beine des Kindes kitzeln.

Es kitzelt hier und kitzelt da,
es findet Kitzeln wunderbar.
Erst auf der rechten, dann auf der linken Seite kitzeln.

Das kleine Kitzelmonster kitzelt dich ganz schwach,
das kleine Kitzelmonster ist gar nicht mehr so wach.
Das Kitzeln immer weniger und ruhiger werden lassen.

Es schläft nun langsam ein
und kuschelt sich auf dein Bäuchelein.
Beide Hände sanft auf den Bauch des Kindes legen.

Und so geht's:

Hier legt sich das Kind auf den Rücken oder Sie nutzen die Wickelzeit. Sie können aus Ihren Händen ein Kitzelmonster entstehen lassen oder auch ein kleines Kuscheltier als Kitzelmonster einsetzen.

RIESIGER KÜKENSPASS

Handmassagegedicht

Alter: ab 1,5 Jahren
Dauer: 5 Minuten

Ein kleines Küken hüpft fröhlich hin und her,
ein kleines Küken mag den Hühnerstall so sehr.
Mit einem Finger auf die Handinnenfläche tupfen.

Es hüpft von hier nach da,
das Stroh duftet so wunderbar!
Mit einem Finger kleine Kreise
auf die Handinnenfläche malen.

Dann kuschelt es sich ein
und macht sich ganz, ganz klein.
Mit einem Finger eine große Spirale
auf die Handinnenfläche malen.

Zwei kleine Küken hüpfen hin und her,
zwei kleine Küken mögen den Hühnerstall so sehr.
Mit zwei Fingern auf die Handinnenfläche tupfen.

Sie hüpfen von hier nach da,
das Stroh duftet so wunderbar!
Mit zwei Fingern kleine Kreise
auf die Handinnenfläche malen.

Dann kuscheln sie sich ein
und machen sich ganz klein.
Mit zwei Fingern eine große Spirale
auf die Handinnenfläche malen.

Und so geht's:

Das Kind darf seine Hand angenehm auf Ihre Hand legen, sodass Sie die Handinnenfläche massieren können. Sie beginnen mit einem Finger, dann geht es weiter mit zwei Fingern. Wenn Sie möchten, können Sie noch eine dritte Strophe mit allen Fingern einer Hand hinzufügen („Viele kleine Küken …“).

LEUCHTENDE STERNE

Massagegeschichte

Alter: ab 2 Jahren
Dauer: 10 Minuten

Lege dich gemütlich hin, dein Körper darf ganz ruhig und entspannt sein. Heute haben wir einen wunderschönen Sternenhimmel. Die Sterne leuchten nur für dich.

Ein Stern strahlt deine Füße und Beine an und sie werden ganz warm.
Beide Hände auf die Füße und dann auf die Beine des Kindes legen.

Ein Stern strahlt deine Hände und Arme an und sie werden auch ganz warm.
Beide Hände auf die Hände und dann auf die Arme des Kindes legen.

Ein Stern leuchtet auf deinen Bauch und der Bauch wird angenehm warm.
Eine Hand ganz sanft auf den Bauch des Kindes legen.

Viele kleine Sterne strahlen jetzt deinen Körper an und dein Körper wird angenehm warm. Kannst du eine Stelle besonders gut spüren?
Mit der Hand vorsichtig mehrere Körperstellen berühren und wieder loslassen.

Dein Körper darf jetzt genauso strahlen wie die kleinen Sterne. Dein Körper ist ganz ruhig und entspannt.
Beide Hände auf den Schultern des Kindes ablegen und ausstreichen.

Und so geht's:

Das Kind darf sich bei dieser Massage auf den Rücken legen. Achten Sie darauf, dass Ihre Hände warm sind, und berühren Sie die Körperstellen immer erst sanft. Wenn das Kind mehr Druck möchte, dann legen Sie die Hände fester am Körper des Kindes ab. Nach jeder Strophe können Sie dem Kind etwas Zeit lassen, Ihre Hände noch auf seinem Körper zu spüren.

NEPTUNO, DIE MEERESSCHILD-KRÖTE

Massagegeschichte

Alter: ab 2 Jahre
Dauer: 10 Minuten

Neptuno ist eine Meeresschildkröte und lebt im großen, weiten Ozean.
Mit den Fingern viele unterschiedliche Meereswellen auf den Rücken malen.

Am liebsten schwimmt er durch das grüne Seegras.
Mit den Fingern kurvig über den ganzen Rücken gleiten.

Dort kann er sich verstecken und findet Nahrung. Das Seegras besteht aus vielen langen, grünen Grashalmen unter der Wasseroberfläche.
Vom unteren Rücken Linien nach oben malen.

Hier leben viele kleine Fische und Meerestiere.
Kleine Kreise und Linien auf den ganzen Rücken malen.

Neptuno schwimmt immer wieder einmal an die Oberfläche des Meeres, um Luft zu holen.
Mit der Handfläche über den Rücken und am Ende Richtung Nacken gleiten.

Gestärkt kann er dann weite Strecken durch das Meer schwimmen und seine Freunde und Freundinnen treffen.
Mit der Handfläche über den ganzen Rücken gleiten.

Zum Schwimmen nutzt Neptuno seine Vorder- und Hinterflossen, die er sanft durch das Wasser gleiten lässt.
Einen ovalen Schildkrötenkörper und vier Flossen als Kreise auf den Rücken malen.

Viel Spaß auf deiner Reise, Neptuno!
Mit der flachen Hand auf dem Rücken winken.

Und so geht's:

Das Kind sitzt auf dem Boden oder auf einem Hocker vor Ihnen, sodass Sie mit Händen und Fingern auf seinen Rücken malen können. Machen Sie nach jedem Satz eine kurze Pause, damit Sie das Gesagte auf dem Rücken des Kindes darstellen können und das Kind es fühlen kann.

PFERDE-SPAZIERGANG

Massagegedicht

Alter: ab 1,5 Jahren
Dauer: 5 Minuten

Hopp, hopp, hopp, mein Pferdchen, lauf Galopp.
Renn über Wiesen und die Weide,
dein Fell, das ist so zart wie Seide.
Hopp, hopp, hopp, mein Pferdchen, lauf Galopp.
Mit den Fingern beider Hände über den Rücken
hin- und hertippeln.

Trab, Trab, Trab, mein Pferdchen, lauf im Trab.
Geh den Wanderweg entlang
im angenehmen Pferdegang.
Trab, Trab, Trab, mein Pferdchen, lauf im Trab.
Mit den Fingern einer Hand über den Rücken
hin- und herwandern.

Schritt, Schritt, Schritt, mein Pferdchen, geh im Schritt.
Schreite jetzt in ruhigem Lauf
den hohen Berg zum Stall hinauf.
Schritt, Schritt, Schritt, mein Pferdchen, geh im Schritt.
Mit zwei Fingern langsam von unten nach oben
über den Rücken wandern.

Und so geht's:

Bei dieser Rückenmassage sitzt das Kind vor Ihnen, am besten auf gleicher Höhe. Zu Beginn benötigen Sie beide Hände für die Massage, danach nur noch eine Hand. Lesen Sie jede Strophe langsam vor und machen Sie eine Pause zum Ausführen der Bewegungen. So kann das Kind auch gut den Unterschied von Strophe zu Strophe spüren.

STRAHLENDER SONNENSCHEIN

Massagegeschichte

Alter: ab 1,5 Jahren
Dauer: 10 Minuten

Auf deinem Rücken darf heute die Sonne scheinen. Als Erstes male ich dir eine große Kugel auf den Rücken.
Mit einem Finger einen Kreis auf den Rücken malen.

Drum herum sind viele Sonnenstrahlen. Kleine und große Strahlen leuchten in alle Richtungen: nach oben, zur Seite und nach unten.
Um den Kreis herum mit einem Finger kurze und lange Striche malen.

Dann male ich die Kugel noch richtig schön sonnengelb an. Überall streiche ich sie sonnengelb.
Mit der flachen Hand von oben nach unten über den Rücken streichen.

Darf deine Sonne heute lachen? Dann bekommt sie ein lachendes Gesicht.
Die Antwort des Kindes abwarten und dann entsprechend das Gesicht auf die Mitte des Rückens malen.

Nun darfst du noch die Wärme deiner Sonne spüren. Dafür lege ich meine Hände auf deinen Rücken. Kannst du die warmen Sonnenstrahlen fühlen? Sie breiten sich auf deinem ganzen Rücken aus.
Die Hände warmreiben und dann flach auf den Rücken legen. An mehreren Stellen wiederholen.

Und so geht's:

Das Kind sitzt bei dieser Rückenmassage vor Ihnen, denn Sie benötigen am Ende beide Hände für die Massage. Lesen Sie jeden Absatz langsam vor und machen Sie eine Pause für die Ausführung der Massage. So kann das Kind in seinen Körper hineinspüren.

REGENKONZERT

Massagegeschichte

Alter: ab 2 Jahren
Dauer: 10 Minuten

Am Himmel sind große, dunkle Wolken zu sehen. Ein Wind weht die Wolken vor die Sonne. Huiii, Rauschen. Huiii, Rauschen.
Wolken auf den Rücken malen, mit der ganzen Hand seitlich über den Rücken streichen.

Da fängt es an zu regnen. Viele kleine Wassertropfen fallen auf die Erde. Plitsch platsch, plitsch platsch.
Mit den Fingern auf den Rücken tupfen.

Die Wolken bedecken nun den ganzen Himmel und ein Gewitter zieht vorbei. Blitz. Blitz. Donner. Donner.
Bei „Blitz" einen Pfeil malen und bei „Donner" mehrmals mit den Handflächen vorsichtig auf den Rücken klopfen.

Der Regen wird stärker, das Gewitter zieht weiter. Dicke Tropfen aus Wasser machen große Pfützen. Plitsch platsch, matsch matsch.
Mit den Fingern auf den Rücken tupfen, dann große Kreise malen.

Langsam hört der Regen auf, die Sonne schaut zwischen den Wolken hervor. Die Vögel beginnen wieder zu pfeifen. Zwitscher zwitscher, trallala trallala.
Eine große Sonne und Schlangenlinien auf den Rücken malen.

Und so geht's:

Das Kind sitzt bei dieser Rückenmassage vor Ihnen. Lesen Sie jede Strophe langsam vor und machen Sie eine Pause für die Ausführung der Massage. So kann das Kind in seinen Körper hineinspüren.

STREICHELNDE HÄNDE

Massagegedicht

Alter: ab 1 Jahr
Dauer: 5 Minuten

Meine Hände streicheln, streicheln dich ganz sanft.
Streicheln deine Arme, kitzeln deine Hände
und warten dann gespannt.

Meine Hände streicheln, streicheln dich ganz sanft.
Streicheln deine Beine, kitzeln deine Füße
und warten dann gespannt.

Meine Hände streicheln, streicheln dich ganz sanft.
Streicheln deine Schultern, kitzeln deinen Bauch –
und die kleinen Ohren kitzele ich auch!

Und so geht's:

Für diese kleine Massage darf sich das Kind gemütlich auf den Rücken legen. Bevor Sie mit der Massage beginnen, fragen Sie das Kind um Erlaubnis. Führen Sie dann die gesprochenen Handlungen durch. Vielleicht darf das Kind im Anschluss auch Sie massieren?

WOLKENMEER

Massagegeschichte

Alter: ab 2 Jahren
Dauer: 5 Minuten

Wolkenmeer, Wolkenmeer,
der Himmel ist ein Meer aus Wolken.
Kleine Wolken, große Wolken,
alle weiß und wunderbar bauschig.
Kleine und große Wolken auf den Rücken malen.

Wolkenmeer, Wolkenmeer,
viele Wolken ziehen am Himmel entlang.
Kleine Wolken, große Wolken,
jede Wolke einzigartig und wunderschön.
Mit einem Finger horizontale Wellen auf den Rücken malen.

Wolkenmeer, Wolkenmeer,
ein Licht leuchtet durch das Wolkenmeer.
Kleine Wolken, große Wolken,
machen der Sonne langsam Platz.
Eine Sonne mit vielen Strahlen auf den Rücken malen.

Und so geht's:

Bei dieser Massage sitzen Sie am besten auf Höhe des Kindes, sodass Sie gut seinen Rücken berühren können. Lesen Sie den Text langsam vor und bauen Sie Pausen ein. So kann das Kind erst zuhören und dann ins Fühlen kommen.

DIE MÄUSEFAMILIE

Massagegedicht

Alter: ab 1,5 Jahren
Dauer: 5 Minuten

Tipp tipp tapp, die Mäusefamilie tippelt auf und ab.
Mit den Fingern über den Rücken tippen.
Sie tippelt und tappelt mal hier und mal da,
Spazierengehen findet Familie Maus wunderbar.
Mit den Fingern über den Rücken hin- und herwandern.

Tipp tipp tapp, die Mäusefamilie tippelt auf und ab.
Mit den Fingern über den Rücken tippen.
Sie tippelt und tappelt im Kreise herum,
Familie Maus läuft Kreise, mal rund und mal krumm.
Mit den Fingern kreisend über den Rücken wandern.

Tipp tipp tapp, die Mäusefamilie tippelt auf und ab.
Mit den Fingern über den Rücken tippen.
Sie tippelt und tappelt mal hier und mal da,
Familie Maus hat eine große Mäusekinderschar.
Mit beiden Händen über den Rücken wandern und kitzeln.

Und so geht's:

Je nach Alter des Kindes sitzt das Kind vor Ihnen oder auf Ihrem Schoß. Lesen Sie langsam vor und lassen Sie sich Zeit für die Bewegungen Ihrer Finger auf dem Rücken des Kindes.

In dieser Reihe sind bereits erschienen:

Alle meine Sinne
Die schönsten Wahrnehmungsspiele für Krippenkinder
ISBN: 978-3-96046-087-9

Die besten Bewegungsspiele für Krippenkinder
ISBN: 978-3-96046-088-6

Die schönsten Rituale für Krippenkinder
ISBN: 978-3-96046-172-2

Die schönsten Fingerspiele & Bewegungsreime für Krippenkinder
ISBN: 978-3-96046-090-9

Die schönsten Geschichtensäckchen für Krippenkinder
ISBN: 978-3-96046-207-1

Die schönsten Morgenkreisideen für Krippenkinder
ISBN: 978-3-96046-222-4

Die schönsten Sprachspiele für Krippenkinder
ISBN: 978-3-96046-238-5

Die schönsten Erzählideen für Krippenkinder
ISBN: 978-3-96046-252-1